EX LIBRIS

Roy Holmlund

The Very Best Of
Swedish Schnapps Songs

COMPILED BY GÖRAN RYGERT

NORDSTJERNAN
Förlag, New York

Nordstjernan Förlag, New York 2008, www.nordstjernan.com

Swedish Schnapps Songs
Copyright © 2008 Göran Rygert. 'Skål' text © 2008 Bo Zaunders

Cover illustration: Daniel Damaso Berubé-Arbello
Body illustrations: N. Peterson, F. Opper, and anonymous artists
Typefaces: Lisboa, Malmö, Anziano; all by Fountain

*A special thank you to Erik de Maré, Malmö, Sweden, for translation
of some of the snaps-songs into English.*

ISBN: 0-9672176-5-2
Second Abridged Edition, November 2008
Printed in the United States of America

Nordstjernan Förlag
Book Services
P.O. Box 1710
New Canaan, CT 06840

SONG LOCATIONS

TABLE OF CONTENTS
Songs in English in bold characters

The Swedish Tradition of Singing Snaps-songs

The Swedish custom of drinking a snaps* with a meal is deeply rooted in the souls of the Swedes. This tradition goes back to the 16th century. Nowadays it is impossible to imagine a Midsummer lunch, a crayfish party, or a Christmas dinner without a little dram. Let it be a plain vodka, for instance Absolut – originally the Swedish name was "Absolut renat brännvin", meaning absolutely purified vodka – or spiced snaps of many kinds. Every Swedish province, neighborhood or out-of-the-way spot has traditions of their own on how to spice snaps.

*snaps or schnapps? It may be spelled either way. Most sources claim the original Anglo-Saxon spelling is schnapps, however.

A genuinely Swedish phenomenon is the snaps song. The tradition of singing student songs in connection with drinking snaps can be traced back to the middle of the 18th century, but the typical Swedish snaps-singing did not occur until 100 years later.

Snaps songs exist in thousands of different more or less decent variations. You will find a quite special kind of humor in them. Many originate from Swedish students at the universities, others come from ordinary Swedes who put together songs for their next dinner-party. Many songs reflect more or less flattering characteristics of people from different cities and provinces. The humor can sometimes be of the satiric kind, as how healthy it is to drink, or how to make alcohol from pine and spruce.

For someone visiting Sweden or a Swedish party for the first time, it must seem very exotic when suddenly everyone loudly bursts out in a snaps-song. This is the occasion when even people claiming that they absolutely cannot sing and are totally tone-deaf, do sing at the top of their lungs. Even more amazing is to witness how the formal, hand-shaking, grave and quiet Swedes after a few snaps transform into a noisy, hilarious and singing crowd. The "skål" (the toast) has a ritual all its own. Never take a sip from your filled glass until the first snaps-song is announced and executed!

In this collection, as always, the authors of snaps-songs are anony-mous. The melodies chosen are mostly from well-known Swedish folk-songs, children's songs or hit songs. Sometimes melodies from other countries are chosen. It happens that snaps-songs are translated into English. However, it is difficult to translate a snaps-song because it may loose something in the translation. Therefore many snaps-songs in English stand on their own.

About one third of the songs in this booklet are in English, hope-fully to be used with Swedish spirits in the Swedish spirit. Singing usually increases the atmosphere of the party, and it always gives an-other effect: You drink less, because you are busy singing! Have a nice dinner party with a song and a snaps!

WRITTEN BY GÖRAN RYGERT

Helan går

Melody: Helan går

Helan går,
sjung hopp, faderallan lallan lej.
Helan går,
sjung hopp, faderallan lej.
Och den som inte helan tar,
han heller inte halvan får.
Helan går!
Sjung hopp, faderallan lej!

Transliteration:

Hal and Gore,
shun hop, father Alan Lalan ley
Hal and Gore,
shun hop, father Alan ley.
Oh handsome in the hell and tar
an' Hal are in the half and four.
Hal and Gore!
Shun hop, father Alan ley!

Translation:

Now for the First!
Sing hop, faderallan lallan ley.
Now for the First,
sing hop, faderallan ley.
And those who won't the First One take
they also Number Two forsake.
Now for the First!
Sing hop, faderallan ley!

Life Is A Pleasure

Melody: Stepnaya Kavaleriskaya

/: Life is a pleasure,
tavaritch, a great big pleasure.
All our troubles are reduced to zero
when we have got a drop to wet our gum.
Let's have a vodka,
tavaritch, a little vodka,
empty your gobbler like a viking hero,
there will be many more to come. :/
Hey!

Livet är härligt

Melody: Stepnaya Kavaleriskaya

/: Livet är härligt,
tavaritj, vårt liv är härligt.
Vi alla våra små bekymmer glömmer
när vi har fått en tår på tand, en skål!
Ta dej en vodka,
tavaritj, en liten vodka.
Glasen i botten vi tillsammans tömmer,
det kommer mera efter hand. :/
Hej!

Schnapps And Beer

Melody: Jingle Bells

Schnapps and beer,
happy cheer,
let's get in the mood.
Smörgåsbord
with lots of food,
friends from far and near.
Gathered here,
schnapps so dear,
drink without a fear.
Celebrate!
We must not wait.
Schnapps is just too great!

To Improve Your Appetite

Melody: California Here I Come

To improve your appetite
you should take a vodka-bite.
The more you are scoffing
the more you want to get
from Smirnoff or Stoli,
that wouldn't be a bet for you
'cause alcohol is pretty rude,
spec'ally without any food.
But each time we have a fest,
Absolut is always best!

Av tradition
Melody: Petter Jönsson

Av tradition står ett litet glas framför alla,
som upp till randen är fyllt av nubben den kalla.
Men den är liten, så man kan rakt into dela'n
därför vi alla nu sjunger sången om helan.

Minnet
Melody: Memory

Minne – jag har tappat mitt minne.
Är jag svensk eller finne?
Kommer inte ihåg.
Inne – är jag ut' eller inne,
jag har luckor i minnet,
sån' där små alhohol!
Men, besinn er,
man tätar med det brännvin man får,
fastän minnet – och helan går!

Nubben görs av gran och tall
Melody: Kovan kommer, kovan går

Nubben görs av gran och tall,
gran och tall, gran och tall.
Smakar bra i alla fall,
alla fall, alla fall.
Fastän gjord av barr och grenar
den i strupen ljuvligt renar
barr och kottar, hej, gutår!
Här ska ni se hur helan går

Number One A Pleasure Was

Melody: Oh, Susanna

Number One a pleasure was to drown,
but my belly wants some more.
Number Two must also now go down
or else you'll hear a roar:
Hey man; listen,
this is what you should know:
Both colitis things and ulcer spots
disappear from vodka shots!

Första supen har nu runnit

Melody: Oh, Susanna

Första supen har nu runnit ner,
men se magen vill ha mer.
Om vi inte genast halvan tar
höres magens kommentar:
Oh, besinna, den saken är ju klar:
Både tarmvred, magsår och kolit
dunstar bort med lite sprit!

Helan kommer, helan går
Melody: Kovan kommer, kovan går

Helan kommer, helan går,
helan går, helan går.
Halvan följer i helans spår,
helans spår, helans spår.
Nubben den får ingen spara,
helan den ska sväljas bara.
Helan kommer, helan går.
Lycklig den som halvan får!

Nubben Goa #1
Melody: Gubben Noak

Nubben goa, nubben goa
är en hedersdryck.
När den går i magen
blir man lätt i tagen.
Nubben goa, nubben goa
tar man med en knyck.

Helan rasat
Melody: Vintern rasat

Helan rasat ner i våra magar,
skvalpar nu på botten mol allén.
I sin ensamhet den bittert klagar:
Det är inte gott att va' blott en.
Snart är Halvan där, den härliga supen,
alkoholiskt ren och silverklar,
dansar som en vårbäck ner genom strupen,
hamnar, plask! i Helans budoar!

The Next One
Melody: Skånska slott och herresäten

The next one is tempting, let this be a warning.
It is like a new-showered girl in the morning.
No matter how many wet kisses you seize,
you'll always be craving to get a reprise.

När helan man tagit
Melody: Skånska slott och herresäten

När helan man tagit och halvan ska dricka,
det känns som att kyssa en nymornad flicka.
Ju flera man får, desto mer vill man ha.
En ensammer jäkel gör alls ingen gla'!

En droppe vatten
Melody: Petter Jönsson

En droppe vatten kan inte läska en tunga.
En nypa luft räcker inte till i en lunga.
En ensam ko räcker inte till för att kalva.
En stackars hela behöver också en halva.

Så hastigt den lilla supen
Melody: Och jungfrun hon går i ringen

/: Så hastigt den lilla supen
i strupen försvann. :/
Håhå, jaja, kommer Halvan ej snart,
håhå, jaja, kommer Halvan ej snart?

Den lilla halvan
Melody: Petter Jönsson

Den lilla halvan kan inte göra nån skada,
den brukar bara att något öka vår svada.
Den bidrar även att göra ansikten glada,
så krök på armen och låt den jäkeln få bada!

Helan så ensam
Melody: Mors lilla Olle

Helan så ensam
i magen gick.
Undrade varför
ej sällskap han fick.
Mor, lilla mor,
var är Halvan i kväll?
Be honom komma hit ner,
är du snäll.

Flickan i havanna
Melody: Flickan i Havanna

Flickan i Havanna
hon har inga pengar kvar,
vi har dock en Halva
i vår reservoar.
Detta fastslås med emfas.
Tveka ej, drick ur ditt glas!
Övning ger vart gott kalas.
Nu ska Halvan tas!

Halvan knappast

Melody: Amanda Lundbom

Halvan knappast hunnit sjunka,
hej, skuttiplutt tjodelittan dunka,
förrän vi ska tersen klunka,
hej, pullepitt falleripsan tafs.
Kan du sjunga hästkusksits?
Hej, skuttiplutt tjodelittan vits.
Hugg i!
Då kan du tersen ta med snits,
hej, pitteplutt fyllerupsan slips.

Vi tagit helan

Melody: Petter Jönsson

Vi tagit helan och halvan - nu tar vi tersen,
och till den ändan vi sjunger glatt denna versen.
Nu artar kvällen ju sej till jubelkalasfest.
Vad gör det då om man dagen efter är bas mest?

Sorgeliga saker hända

Melody: Elvira Madigan

Sorgeliga saker hända
än i våra dar minsann.
Har ni hört den senast kända?
Kron och Renat dom försvann.
Nu är saft från våra tallar
våran enda stimulans,
men vi Tersen tar och trallar,
det var tur att skogen fanns!

I Like the Snaps

Melody: Over The Mountains

I like the snaps, the snaps likes me,
thrilling as only a snaps can be.
I want to drink the real elite:
Ålborger aquavit.
/: Over the mountains, over the sea,
thousands of snapsies are waiting for me.
Please go to hell with juice and tea,
snaps is the drink for me! :/

Nuuuu

Melody: Säkkijärven polka

Nuuuu
vill jag inte vänta mer
på den sup som snart ska ända ner.
Både smak och yrsel är dess mål,
så ta bort all jävla bål!
Skål!

Ice Cold Drops

Melody: Midnatt råder, tyst det är i husen

Ice cold drops are nice, I have reflected,
have reflected.
But their strength are not to be neglected,
be neglected.
Both your head and heart will be effected:
Schnapps, schnapps, schnapps!

Dom som ärnyktra

Melody: Du är den ende (Romance d' Amour)

Det sägs att en mänska
kan va utan brännvin.
Det stämmer kanhända,
men se blott på den min
som pryder en absolutist:
den är jävligt trist,
därför så sjunger vi så:

Dom som är nyktra
har inte så roligt,
dom har bara ansvar
och aldrig nåt tjo-
littan lej faderulla,
men vi som är fulla,
vi har bara kul,
nästan jämt!

Twinkle, Twinkle Vodka Bar
Melody: Twinkle, Twinkle, Little Star

Twinkle, twinkle vodka bar,
how I wonder how you are.
Hope you have a shot for me.
Give me two and give me three.
Twinkle, twinkle, vodka bar,
soon I'm b'low mahogany!

En giraff
Melody: Amanda Lundbom

En giraff är nykter länge.
Bom faderi och bom faderalla.
Fast den hänger med i svängen.
Bom faderi, faderallan lej.
Många supar kan den ta.
Bom faderi, faderallan lej,
hugg i,
och dra.
För den blir full först nästa da'
Bom faderi, faderallan lej.

Blinka lilla pärla där
Melody: Twinkle, Twinkle, Little Star

Blinka lilla pärla där,
hur jag undrar hur du är.
Hoppas att du sitter bra
så att jag blir riktigt glá.
Blinka lilla pärla där,
snart finns du ej längre här.

The Swedish Cook

Melody: Polly Wolly Doodle

I'm the Swedish cook,
who the pans forsook,
singing hurley burley birdie all the day.
Now I'll undertake
what I won't forsake:
Drinking barely barley brewage all the way.
SKOAL!

Isat brännvin

Melody: Isabella

Isat brännvin
väntar i fyllda glas.
Kära vänner,
slå ej mitt glas i kras.
Men här är så varmt i rummet
att brännvinet blir ljummet.
Det är fatalt,
men mig egalt,
för snart jag mitt brännvin svalt!

Five Ounces

Melody: Five Dirty Little Fingers

Five ounces from the freezer
of some strong and spicy booze.
That makes a pretty teaser
to my tickly little nose.
Maybe I'll have a dinner
with a sandwich and a steak
if I manage stay awake
after drinking all that booze!

Måsen
Melody: Du måne klara

Det satt en mås på en klyvarbom
och blek om nosen var kräket.
Och tungan lådde vid skepparns gom,
där han satt uti bleket.
"Jag vill ha sill", hördes måsen rope,
och skepparn svarte: "Jag vill ha O.P,
om blott jag får. Om blott jag får."

Angorakatten
Melody: Vi gå över daggstänkta berg

Det var en gång en hel angorakatt, fallera,
som älskade en vanlig bonnakatt, fallera.
Och följden blev en jamare,
fast den var mycket tamare,
för den var en halv-an går-akatt, fallera.

Det var en gång en flicka
Melody: Jag gick mig ut en afton

Det var en gång en flicka som red uppå ett svin.
Och flickan hon var naken och glad var hennes min.
Den borsten, den borsten,
den river gott som brännevin,
den borsten, den borsten,
den river gott som hin.

Bumble-Bees

Melody: Popeye The Sailor Man

We are little bumble-bees, bzz, bzz.
We are little bumble-bees, bzz, bzz.
We are little bumble-bees taking a buzzer.
We are little bumble-bees.
Cheerszz!

Vi äro små humlor

Melody: Vi äro små humlor

Vi äro små humlor vi, bz bz.
Vi äro små humlor vi, bz bz.
Vi äro små humlor som tar oss en geting.
Vi äro små humlor vi.
Skål!

Utspilld mjölk

Melody: Stenka Rasin

Utspilld mjölk gör mänskan dyster.
Tappat smör är inte bra.
Men betänk, o dyra syster:
Drucken snaps gör mänskan gla!
Ja, betänk, o dyra syster:
Drucken snaps gör mänskan gla'!

En sjöman älskar bäsk

Melody: En sjöman älskar havets våg

En sjöman älskar redig Bäsk
till vågornas brus.
När stormen skakat bort all läsk
i vindarnas sus:
/: Var lugn, var lugn,
berusade buk.
Det kommer snart en igen! :/

Ett pelarhelgon

Melody: I Apladalen i Värnamo

Ett pelarhelgon uti sin öken
han pelar bäst när han är på kröken
Han pelar luta mest hela dan,
men lutar pelarn går det åt fan!

För att mänskan ska

Melody: Bä, bä, vita lamm

För att mänskan ska
trivas på vår jord
fordras att hon har
på sitt smörgåsbord:
En stor, stor sup åt far,
en liten sup åt mor,
och två små droppar
åt lille, lille bror.

En nubbe är dryck för en karl

Melody: Stars and Stripes

En nubbe är dryck för en karl,
för brännvin gör män intressanta.
Som flugor små kvinnor sig drar
till tuffa män som supit har.
Den vodka du svept som en tsar
ger stringens åt ditt manligt dominanta.
Men den som ej törs ta en klar,
han stör vår fest
och liknar mest
en gammal tanta!

Sex centiliter

Melody: Sju vackra flickor i en ring

Sex centiliter i ett glas
brukar det bjudas på kalas,
det är en dryck som vi vill ha
ibland de drycker alla.

Nu kan jag vara riktigt gla',
nu har jag fått vad jag vill ha,
nu ska jag lilla pärlan ta.
Nu ska jag sluta sjunga!
Coda: Nu ska jag sluta sjunga!

Att vi är glada
Melody: Petter Jönsson

Att vi är glada,
det kan man höra på sången.
Att vi är fulla,
det kan man se uppå gången.
Nu tar vi Qvarten,
ty alla tycka vi om'en.
Ack, huru härligt
den rinner ner uti vommen!

Quinten
Melody: Bä, bä, vita lamm

Bä, bä, vita lamm,
är du redan full?
Nej, nej, kära barn,
det är ljusets skull,
att min kind är skär
och blicken dimmig är.
Så Quinten blir nog
bara kärt besvär.

Imsig, vimsig
Melody: Itsy Bitsy Spider

Imsig, vimsig blir man
av en liten hutt.
Blodet börjar rusa,
hjärtat tar ett skutt.
Benen skälver,
näsan den blir blå.
Fast det är så läskigt
vågar jag ändå.

Vi har svårt att sjunga
Melody: Glory, Glory, Hallelujah

Vi har svårt att sjunga texten,
rösten stannat har i växten.
Sånt kureras bäst med Sexten,
som vi klämmer med en skål,
i alkohol!

Nu ska vi klämma septen

Melody: Nu ska vi skörda linet

Nuskaviklämmaseptengutår
klämmaentrudeluttomdetgår
tjosanmohammedsnartärdetvår
julaftonärenfreda'.
Klunkklunkklunkklunkklunkklunk
blandaågeblandaåge
abrakadabraklunk
julaftonärenfreda'!

För den som vill

Melody: Petter Jönsson

För den som vill finns en liten skvätt uti glaset. Vi ska nog lura
det lilla iskalla aset
och dricka ur varje liten självande droppe
För lilla magen den ska min själ ha på moppe

What A Vodka
Melody: Oh, My Darling Clementine

What a vodka,
what a vodka,
it's the smoothest to my throat.
It's the purest
and maturest.
It's the famous Absolut!

At Ev'ry Crawfish Party
Melody: The Silly Song (from Snow White)

At ev'ry crawfish party,
as at ev'ry other party,
you're having fun,
like ev'ry one,
and drinking pretty hearty.
Hey ho, and here we go,
at our whooper-dooper!
See you tomorrow, when
you wake up from your stupor!

I See A Small One
Melody: Satin Doll

I see a small one.
Just drink it!
You see a small one.
Just drink it!
(Everyone drinks the snaps)
We sat' em!
We sat' em!
SKOAL!

Är den kall
Melody: Ain't She Sweet

/: Är den kall?
Är den säkert riktigt kall?
För ner i strupen rinner supen
bättre om den är kall. :/

Sure It's Cold?
Melody: Ain't She Sweet

/: Sure it's cold?
Are you sure it's really cold?
'Cause through the whistle to the 'byssal
drinks should be very cold. :/

A Word From the Schnapps
Melody: Music, Music, Music

Snifter, Kicker, Hooch or Dram,
- what you call me: Here I am.
Lift me up and pour me down
the whistle, whistle, whistle.
Hey!

Intoxicated
Melody: The More We Are Together

The more intoxicated,
elated, elated,
the more intoxicated,
the happier we'll be.
'Cause you drink and I drink
and I drink and you drink.
The more intoxicated,
the happier we'll be.

Old Mac Donald
Melody: Old Mac Donald Had A Farm

Old Mac Donald had a dram,
E I E I O.
And then he had another two,
E I E I O.
He went hee hee here,
he went haw haw there,
he went hee-haw hee-haw here and there.
Old Mac Donald had a dram.
Now let's take one, too.

O.P.'s Flowing
Melody: Old Man River

O.P.'s flowing
and I'll be rowing
down that ol' river,
if just my liver
could take that liqour.
But I'm a kicker.
Here's now!

Oscar
Melody: Jada

Oscar, Oscar, I would like to have a shot!
Oscar, Oscar, I would like to have a shot!
Give me one, and now on the spot,
don't you see that I am so hot.
Oscar, Oscar, I would like to have a shot!

Do It My Way
Melody: Lambeth Walk

If you drink too few you still are dry.
If you drink too many you can die.
Do it my way:
Take a snapsie ev'ry day!
Hey!

Dricker man för lite
Melody: Lambeth Walk

Dricker du för lite blir livet torrt.
Dricker du för mycket blir livet kort.
Gör liksom jag,
hutta lite varje dag!
Hej!

Tyngdlagens lov
Melody: Petter Jönsson

När Isaac Newton förstått hur äpplet kan falla,
så föddes tyngdlagen, som är välkänd av alla.
Så höj ditt glas nu - och låt oss skåla för lagen,
som gör att supen vi sväljer hamnar i magen.

En taggatrå'
Melody: Oh, Tannenbaum

En taggatrå', en taggatrå',
det är en tråd med taggar på.
Och är det inga taggar på,
så är det ingen taggatrå'.
En taggatrå', en taggatrå',
det är en tråd med taggar på.

The Snapsie On A String
Melody: Hej tomtegubbar

/: What if I had the little snapsie
upon a string in my thoat, say? :/
Then I could haul it back and forth,
so that it felt like another snort.
What if I had the little snapsie
upon a string in my throat, say?

Nubben på ett snöre
Melody: Hej tomtegubbar

/: Tänk om jag hade lilla nubben
uppå ett snöre i halsen. :/
Och kunde dra den upp och ner,
så att den kändes som många fler.
Tänk om jag hade lilla nubben
uppå ett snöre i halsen!

The Postman
Melody: Rudolph, The Red-nosed Reindeer

Rudolph, the red-nosed postman
always fell and had to rise,
when he was trying doorbells.
That is why he rang them twice.

Jag såg en tomte
Melody: Petter Jönsson

Jag såg en tomte som stod och kysstes med mamma.
Jag tänkt berätta det för min pappa me'samma,
för tomten var ju en riktigt jättefräck gubbe.
Men det blev värre: Se'n drack han upp pappas nubbe!

Hej tomtegubbar
Melody: Hej tomtegubbar

/: Hej tomtegubbar, slå i glasen
och låt oss lustiga vara! :/
En liten tid, vi leva här,
med mycken möda och stort besvär.
Hej tomtegubbar, slå i glasen
och låt oss lustiga vara!

Hej dundergubbar
Melody: Hej tomtegubbar

/: Hej dundergubbar, slå i glasen
och låt oss lustiga vara. :/
Kom inte hit med akvavit,
för vi har dunder och motorsprit.
Hej dundergubbar, slå i glasen
och låt oss lustiga vara!

Ring Them Bells
Melody: Jingle Bells

Ring them bells,
ring them bells,
don't be silly saps.
Fools may jeer,
teetotalers leer.
The rest are having schnapps.

Vodka, Vodka #1

Melody: Stenka Rasin

Vodka, vodka, makes me funny,
'specially with caviar.
/: I'll make love to Russian honey,
I'll throw up in samovar. :/

On the wall a pike is walking
with a long and hairy spine.
/: Don't be scared - he won't be talking.
Take a drink, and you'll be fine. :/

On the ceiling mice are walking.
Safety nets they all decline
with a moo! - but won't be talking.
Take a drink and you'll be fine.
Yes, the mice they won't be talking.
Take a drink, and you'll be fine!

Vodka, Vodka #2

Melody: Stenka Rasin

Vodka, vodka vill jag dricka,
jag vill äta kaviar.
/: Jag vill älska russki flicka,
jag vill spy i samovar. :/

Uppå väggen går en gädda
med långa, ludna svarta ben.
/: Men ni ska inte vara rädda,
ta en sup och allt går väl. :/

Vita möss dom går i taket,
råmar högt och trillar ner.
/: Men ni ska inte vara rädda,
ta en sup och allt går väl. :/

Vodka, Vodka #3
Melody: Stenka Rasin

Vodka, vodka, drink of heaven.
Vodka, vodka, drink of hell.
/: Don't resist any temptation
soon enough you'll hear the bell.:/

Pilsnerdrickaren
Melody: En sockerbagare

En pilsnerdrickare här bor i staden,
han dricker pilsner mest hela dagen.
Han dricker gröna, han dricker blå,
han dricker några med renat på.
Och i hans fönster hänger tomma glasen
och alla burkarna från kalasen.
Och är han nykter så kan han gå
ner till butiken och fylla på.

Imbelupet
Melody: Kors på Idas grav

Imbelupet glaset står på bräcklig fot,
kalla pilsnerpavor luta sig därmot.
Men därnere, miserere,
uti magens dunkla djup
sitter djävulen och väntar på en sup!

Pressad gurksaft
Melody: Kors på Idas grav

Pressad gurksaft står i festligt fyllda glas.
Morotssaften skänker glans åt vårt kalas.
Magen brusar utav juicer,
men därnere, fylld av hat,
sitter djävulen med näsan i tomat.

In My Belly
Melody: Brother Jacob

In my belly
is a smelly
I don't like,
I don't like!
Give me something peptic,
very antiseptic:
Give me booze,
vodka-juice!

Magen brummar
Melody: Brother Jacob

Magen brummar,
jag försummar
hälla dit
mera sprit.
Nu så ska vi dricka
så att vi får hicka,
mera sprit,
akvavit.

Let Us Drink
Melody: Nu har vi ljus här i vårt hus

Now let us drink,
now let us clink.
Here is the Party,
hop tralalala.
Bottles in ring,
hey ding-a-ling,
hey ding-a-ling.
Take a little sip
and don't be pissed
'cause
below the mistletoe
your wife was kissed.
So get a bun,
take another one,
and have very fun
at our Party!

It's the Wrong Way
Melody: It's A Long Way To Tipperary

It's the wrong way to trip a fairy.
It's the wrong way to go.
Even if he is cute and hairy
'tain't the nicest thing to do.
If you really want to teach him
what a real man should do,
you should treat him aquavit and herring.
That's a nice way to go.

It's A Long Way
Melody: It's A Long Way to Tipperary

It's a long way for little Drammy,
it's a long way to go.
I feel a burning in my tummy,
and it tickles in each toe.
I get tinnitus from a toddy
and a tremor from a nip.
It says: "Ugh, ugh, ugh",
there in my body,
but's a wonderful trip!

Usch, usch
Melody: It's A Long Way To Tipperary

Det är lång väg för lilla supen,
ja en lång väg att gå.
Det bränner illa i hela strupen
och det kittlar i var tå.
Och det susar upp i knoppen,
varje droppe känns som två.
Det säger: "Usch, usch, usch!"
i hela kroppen,
men är härligt ändå!

Morronhutten
Melody: Sailor's Hornpipe

FÖR DÅ tar jag mej en liddeliten morronhutt,
sjunger truddeluddeluddeluddelej, hej smutt.
Det känns bättre uti kroppen,
ja en gurgling det är toppen
när i strupen det hörs porla som i hälsobrunn!
SKÅL!

För nubben den gör en glad
Melody: Igelkottaskinnet

För nubben den gör en så glad till sinn,
och alla vassa taggarna dom vänder man in.
Och det sägs att de'
gör en starkare,
när man har fått en pilleknarkare!

Man cyklar för lite
Melody: Väva vadmal

Man cyklar för lite.
Man röker för mycke.
Och man är fasen så liberal
när det gäller maten och spriten.
Jag borde slutat för länge sedan,
men denna sup är så liten.
Vad tjänar att hyckla?
Tids nog får man cykla.

Oh, When the Schnapps
Melody: Oh, When The Saints

Oh, when the Schnapps,
oh, when the Schnapps,
oh, when the Schnapps is marchin' on.
Then I will be there, when he's coming
and let him join crawfish and prawn!

Brännvin, filibom
Melody: Ritsch, ratsch, filibombombom

Brännvin, filibombombom,
är en gudadryck för en törstig gom.
Brännvin, filibombombom,
är potatisblom, filibom!

The Yellow Booze of Texas

Melody: The Yellow Rose Of Texas

With the yellow booze of Texas
and heavy dungarees,
I'd gladly herd some dogies,
a pony 'tween my knees.
But my dungarees are worn out
and the yellow tastes like shit.
So the yellow booze of Texas
I'll trade for aquavit.

You Are My Moonshine

Melody: You Are My Sunshine

You are my moonshine,
my dear moonshine,
you make me happy,
when days are gray.
You never know, dear,
how much I love you.
So please,
don't take my moonshine away!

Three Randy Guys

Melody: Three Blind Mice

Three randy guys,
three randy guys.
See how they run,
see how they run.
They all ran after the farmer's wife.
She treated them vodka in juice-disguise.
They crept from the farm alligator-wise
like three blind mice.

Alkonålen
Melody: I Apladalen i Värnamo

Om du är fattig och du vill dricka
på ett kalas, kan du alltid sticka
en liten nål i din grannes stjärt,
så att han spiller sin nubbe tvärt.

Och upp i luften far lilla nubben.
Då är du där med ditt glas på stubben
och fångar upp den och dricker ur,
med alkonål och med lite tur.

Byssan Lull
Melody: Byssan lull

Byssan lull,
utav brännvin blir man full,
slipsen man doppar i smöret.
Och näsan den blir röd,
och ögona får glöd.
Och tusan så bra blir humöret!

Tänk Vad Mycket Gott
Melody: Kors på Idas grav

Tänk vad mycket gott det kommer ur ett hav.
Utan det så skulle silla gå i kvav,
för vad vore välan supen
ifall silla vore dö.
Öppna käften för nu kommer det en sjö!

Ögonvitan
Melody: Solen glimmar blank och trind

Ögonvitan blank och trind,
pannan likt en spegel.
Röda rosor på min kind,
huvet känns som ett ton tegel.
Högerarmen är ur le',
vad ska jag nu dricka me'?
Vänstern hällde den breve',
i gommen torkar nu mitt segel.

A Wonderful Evening
Melody: Oh, What A Wonderful Morning

Oh, what a wonderful evening!
Oh, what a wonderful night!
Oh, what a wonderful snifter!
Oh, how I'm wonderf'lly tight!

Ja, vi elsker denne sillen
Melody: Ja, vi elsker

Ja, vi elsker denne sillen,
upplagd på sitt fat.
Rent förförisk, där i dillen,
gör mej desperat!
Elsker, elsker den och tänker
på hur den ska tas –
på den snälla tant som skänker,
skänker i vårt glas,
ja, på denna tant som skänker,
skänker snapsen i vårt glas!

Uppå Kräftkalaset

Melody: Uppå källarbacken

Uppå kräftkalaset,
uppå kräftkalaset
har jag en vän.
Kräftan som är gästen
missar aldrig festen,
hon är min vän.
Läcker är hon,
stilig är hon,
störtskön är den lilla stjärten.
Sprängfylld är hon
saftig är hon.
Halvan gör mej på alerten!

A Mouthful of Vodka

Melody: A Spoonful Of Sugar

Just a mouthful of vodka
will make anything go down,
anything go down,
anything go down.
Just a mouthful of vodka
will make anything go down,
in a most delightful way!

Kräftklon

Melody: Vi gå över daggstänkta berg

Till kräftklon en sup man kan få, få, få,
allt för att magen riktigt bra ska må, må, må.
Men den som börjar tveka
om detta var en räka,
han måste ta sup nummer två, två, två.

Kräftan fordrar nubbar

Melody: Kovan kommer, kovan går

Kräftan fordrar nubbar små,
nubbar små, nubbar små.
Annars börjar den att gå,
den att gå, den att gå.
Uti magen din den kryper
och i tarmarna dig nyper.
Detta är ett ofint sätt.
Svälj nu nubben fort och lätt!

Kräftan å ja

Melody: Jänta å ja

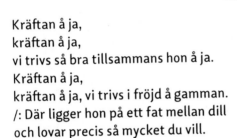

Crayfish

Kräftan å ja,
kräftan å ja,
vi trivs så bra tillsammans hon å ja.
Kräftan å ja,
kräftan å ja, vi trivs i fröjd å gamman.
/: Där ligger hon på ett fat mellan dill
och lovar precis så mycket du vill.
Och får man en iskall nubbe därtill,
av glädjen man faller samman! :/

Fräfta prydd med dill

Melody: Twinkle, Twinkle Little Star

Kräfta, kräfta, prydd med dill,
smör och bröd och ost och sill.
Immig sup behövs därtill,
ta den fort, men inget spill.
Kräfta, kräfta, prydd med dill,
skänker oss allt vad vi vill.

Araber
Melody: Kovan kommer, kovan går

Araber dricker aldrig sprit,
aldrig sprit, aldrig sprit.
Danskar dricker akvavit,
akvavit, akvavit.
Svenskar dricker Bäsk och Renat,
ryssar dricker rent förbenat.
Fransmän dricker Crème de Menthe,
norrmän dricker hjemmebränt!

Nubben Goa #2
Melody: Gubben Noak

Nubben goa, nubben goa
är en hederssup.
Uti alkohålet töm den om du tål'et.
Nubben goa, nubben goa
är en hederssup.

Here you go
Melody: Jambalaya

Here you go with a full crawfish platter,
and the glasses are chinking and clinking.
What you have in your glass doesn't matter.
But a song is a must b'fore the drinking!
SKOAL!

Lilla, lilla nubben
Melody: Itsy, Bitsy Spider

Lilla, lilla nubben klättra' i en fart
upp ifrån magen, som ej visat klart.
Ner kom ölet, bubblade och ven.
Lilla, lilla nubben klättra' ner igen.

Tungan
Melody: Kovan kommer, kovan går

Tungan hänger utanför,
utanför, utanför,
varje gång när hungern stör,
hungern stör, hungern stör.
Bit ej av – om du kan välja.
Tungan bör man inte svälja!
Men du får en god aptit
om du doppar den i sprit!

Utan smärta
Melody: Gubben Noak

Utan smärta, till vårt hjärta
nubben sig begav.
Åkte som på kana,
sånt beror på vana.
Tack du lille, att du ville
gå hos oss i kvav.

Flottskaja
Melody: Dark Eyes

Äta flottskaja,
dricka gottskaja,
dricka merskaja,
slå i flerskaja.

Å bli fullskaja,
fall' omkullskaja.
Om ja' villskaja
ta en till!

Se, lilla nubben
Melody: Svarta Rudolf

Se, lilla nubben han blänker,
han står där i glaset och ler.
De ljuvaste tankar han skänker
och skönt ska han snart rinna ner.
Så vänner, ert nubbglas nu tagen.
En skål för den härliga saft,
som värmer så skönt ner i magen
och skänker den darrige kraft.

Olle i skogen
Melody: Mors lilla Olle

Mors lilla Olle i skogen gick,
undrade varför ej brännvin han fick.
"Mjölk har jag druckit, men törsten är kvar,
ack om jag blott finge ta mej en klar."

Olle bland granarna
Melody: Mors lilla Olle

Mors lilla Olle i skogen gick,
valde bland granarna, fast han ej fick.
Sågade sju och en halv och tog hem,
kokade O.P. och konjak av dem.

Mor fick nu syn på'n, gav till ett vrål,
kokar du skogen till ren alkohol?
"Klart", sade Olle, "och allt som jag fällt,
är till vår helafton redan beställt."

Olle dagen efter
Melody: Mors lilla Olle

"Mors, lille Olle", sa lille Per.
"Mors på dej själv," muttra Olle till Per.
"Vad gör du, Olle, i skogen idag,
kinderna blå och med blicken så svag?"

Klappar på magen med händer små:
"Festat igår. Men nu måste jag gå,
för inte är det så bra just jag mår,
jag åt nog för många kräftor igår!"

Olle på krogen
Melody: Mors lilla Olle

Mors lilla Olle på krogen satt,
rosor på kinden och blicken så matt.
Läpparna små liksom näsan var blå.
"Hade jag broddar, så skulle jag gå."

Mos, lille Olle
Melody: Mors lilla Olle

Mos, lille Olle, och en hot dog,
det, sade mor, är din middag ida'.
Nej tack, sa Olle, sånt vill jag ej ha.
Jag vill blott ha en cigarr och en grogg.

En gång i månan
Melody: Mors lilla Olle

En gång i månan är månen full.
Men aldrig vi sett honom ramla omkull.
Stum av beundran hur mycket han tål
höjer vi glasen och dricker hans skål!

En liten smörgås
Melody: Mors lilla Olle

En liten smörgås i magen min
trängtar nu så efter sin medicin.
Frågar du vad vi då ska hälla dit,
svarar jag: "Tvätta den genast med sprit."

Om vi inga texter kunna

Melody: Elvira Madigan

Om vi inga texter kunna
sjunga vi blott dessa ord:
raj, raj, raj, raj, raj, raj, raj, raj,
raj, raj, raj kring våra bord.

Another Drink

Melody: An der schönen, blauen Donau

Wish I never had   Another drink!
Now I'm feeling bad   Another drink!
And if you pour more   Another drink!
my throat will be sore   Another drink!
My stomach is sick   Another drink!
My brain's like a brick   Another drink!
I can't no more think,
not today,
so I guess I'll have a drink!
Hurray!

Plocka vill jag flaskorna

Melody: Plocka vill jag skogsviol

Plocka vill jag flaskorna från högsta hyllan ned.
Dricka vill jag brännevin, tills jag blir lite sned.
Rätt plakat och dragen vill jag sen i månens sken
få dansa, dansa natten lång, när kvällen blivit sen.

Between Midnight and One

Melody: Popeye The Sailor Man

When likker for me you pour
I always want more and more.
But the end of the fun
is b'tween midnight and one,
when I usually hit the floor.

You Can Have Another

Melody: Popeye The Sailor Man

You can have another yet.
They're nicer the more you get.
But if you have twenty
you'll wake up with plenty
of headache and much regret!

Brännvin Är Gott

Melody: Popeye The Sailor Man

För brännvin det är ju gott.
Och bättre ju mer man fått.
Men går man i golvet
så där mellan tolv, ett,
så slår man sig ganska hårt.

Drömmar Av Silver

Melody: Beautiful Dreamer

Drömmar av silver, drömmar av gull,
tag lilla nubben och snart är du full.
Morgonen randas, tomglas, kapsyl.
Drömmen blev vatten och två magnecyl.

Skål!
Swedes love their aquavit
(– rituals and all)

I was entertaining a small group of Swedes, The conversation was in full swing when, suddenly, a hushed, expectant silence spread across the room. The benefit of my Swedish background kicked in. I solemnly raised my glass of aquavit to the level of an imaginary third vest button, gazed deeply into the eyes of each person present, and said, "Skål!"

Whereupon we all knocked down the precious liquid and, before putting our glasses down, once again and with great solemnity, locked eyes.

This is how you enjoy aquavit, the national beverage of the Scandinavian countries. The skål ceremony has an ancient, rather macabre origin. *Skoal* in Old Norse meant skull, and the Vikings – when boozing it up with huge quantities of mead, long before the world knew about aquavit – sometimes drank from the dried-out skulls of their slain enemies.

The story of aquavit begins in the 13th century, not in Scandinavia but in Italy. In search of an elixir that would ensure eternal life, the scientists of the day reasoned that it might be extracted from the magic spirit evident in wine. Thus began distillation, which resulted in aqua vitae, "the water of life". As the art of distillation spread throughout Europe, aqua vitae eventually evolved into au de vie in France and uisge beatha (gaelic for whisky) in the British isles.

When aqua vitae reached Scandinavia in the late 15th century it was still produced exclusively from wine. Because no grapes grow in such a cold climate, the wine had to be imported, making the liquor a rare and expensive commodity used mostly as medicine. Having failed to impart immortality, aquavit, or *bränvin* (burnt wine) as it was also called, was credited with wondrous curative powers. Spices were first added to make these early crude-tasting distilled spirits drinkable, and were later combined with herbs for greater medicinal potency.

Aquavit was believed to cure a wide variety of ailments, ranging from warts to the plague. In fact, there was nothing it wouldn't cure, including alcoholism. Its use was not confined to humans. If a horse fell sick, this magic potion was there to kick the animal right back to health and happiness. Ingredients other than spices and herbs were sometimes added. A popular concoction, recommended by physicians and priest alike, included the tooth of a whale, ivory, red coral, and the burnt antler of a deer. Other highly praised items were fish eyes, tobacco, skeletons, and morning dew collected in a bed sheet on Saint Hans' Day.

From miracle to national stimulant – the transition occurred after Swedish soldiers, fighting in Russia, learned from their adversaries how to produce the spirit from grain. Now anyone with a patch of land could distill for himself. A hundred years later, in the 18th century, came another important discovery: potatoes could be used instead of grain. From then on, with the potato as the main source, aquavit production went into high gear, primarily in Sweden but also in the other Scandinavian countries. Various mixtures were tried as flavorings, and each province developed its own blends. National sobriety took a dive, but the quality of liquor went up.

In Sweden in the 18th century it became customary for gentlemen to withdraw from the ladies before a meal and partake of a so-called *brännvinsbord*, or aquavit table. This table, which featured a gleaming multi-fauceted canteen of various aquavits, also had a small assortment of appetizers, such as smoked, marinated, or pickled herring. As time passed, more and more tidbits were added, women were invited to sip and nibble with the men, and, by the end of the 19th century, the brännvinsbord had expanded into the profusion of dishes we now know as the Swedish smörgåsbord.

Caraway, aniseed, fennel, and bitter orange are some of the most popular and time-sanctioned flavorings of aquavit, but there are many others, such as dill, coriander, cinnamon, elderberries, myrtle, black currants, wormwood, angelica, rowanberries, and St. John's wort. Current brands, many of which were put on the market in the eighteen hundreds, reflect national and regional preferences. For example, people living on Sweden's west coast relish the fresh fragrance of sweet elderberries found in their local brand, *Halland Fläder*; the Finns show a penchant for cinnamon; the Danes so love caraway that they have imposed a law proclaiming that, unless it is the dominant flavor, no liquor has the right to call itself aquavit.

Sweden, the largest producer, manufactures about twenty brands. One of its best-sellers and a leading export, *O.P. Anderson*, is a true classic, redolent of caraway, aniseed and fennel. Another popular brand, *Skåne Aquavit*, is similar in taste but less spicy. *Bäska Droppar* may be the country's most controversial bracer. A bitter with the pungent flavor of wormwood, famous for settling an upset stomach, it is praised enthusiastically by its champions and detested by others.

A few aquavits are rounded off with a touch of sherry; others are mellowed with *au de vie* or with small amounts of bourbon. For body and character most aquavits are aged for six months, some in barrels normally reserved for wines. *Lysholm*, a light delicate aquavit from Norway, matures in sherry casks; *Linie aquavit*, another Norwegian product, is taken twice across the equator in oak barrels – a practice prompted by a fortuitous event a hundred years ago.

Finding life intolerable without his native drink, a Norwegian businessman living in Australia decided to have a shipment sent to him all the way from Norway. By the time it arrived, in oak barrels, the man was broke, so it had to be returned. To everyone's surprise, the long voyage, and the pitching and rolling in the hull of the ship, had somehow improved the taste of the liquor. Thus Linie was born, an aquavit that must cross the Equator linie, or line.

Ever since it was first tried with herring tidbits, aquavit has proven itself to be on of the few spirits that go well with food. Subtle enough to heighten the character of fish and shellfish, it is assertive enough to complement any number of hearty or spicy dishes, and is especially delicious with Asian food. Usually, it is drunk with a beer chaser. Swedes, with their innate love of ceremony, have devised an elaborate system for the way they savor their national drink. Who should propose the first, second, or third toast? (The host begins by addressing all the guests. Then comes individual toasting, in which seniority or rank plays a vital part. A lieutenant never precedes a captain. On the other hand, if the captain has honored him with a toast, he reciprocates.) At what point in the proceedings do you lock eyes with the person to your right? (Before your first swig, following the host's initial address.) Are you ever allowed to drink to the health of your hostess? (No. The rationale being that she would get too drunk.)

Finally, as a true aquavit drinker, you are, on festive occasions, expected to sing a good many snapsvisor AKA *nubbevisor* (drinking songs or with our present choice of words - schnapps songs). For every toast a different song must be sung - which makes for an increasingly joyous and noisy party.

WRITTEN BY BO ZAUNDERS

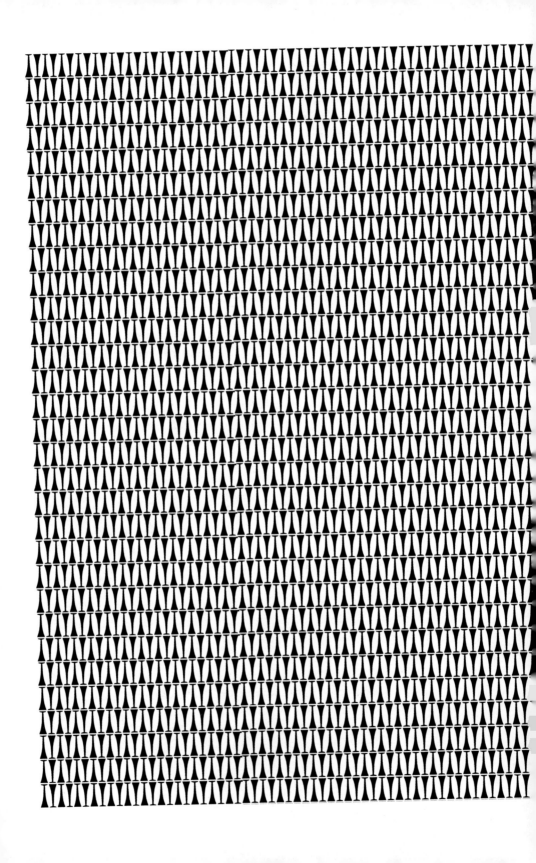

Spice your own schnapps

Few activities offer the novice the opportunity to master them immediately – spicing your own snaps is definitely one of them.

It's this simple: Take a dill stem. Place it in a bottle of vodka in the morning; drink it in the evening. Few will recognize the taste at first and most people will be thrilled. Leave the dill in the bottle and you have a piece of art!

Of the more popular and common Swedish spiced aquavits, many include the taste of wormwood, St. John's wort or aniseed. Having tested Swedish snaps in a variety of American "focus groups" throughout the years, the editors have come to the conclusion that these tastes, much like the Swedish herring, are a bit too exotic for the typical American palate. The exception among the ready-made snaps was the new OP brand from Swedish *Vin & Sprit*, for some time imported through Crillon Importers but no longer easy to find. It was decidedly fruity and had much less bite.

Your very own spiced snaps can be as strong or as mild as you choose it to be, and it's easy to do. All you need is some vodka and ingredients common in most households.

SNAPS FOR THE CRAYFISH PARTY

Place in a glass jar:

2 tbsp. aniseed

1 tbsp. fennel seed

½ tbsp. caraway seed

Pour 6 oz. of vodka or similar un-spiced alcohol into the jar. Seal the jar and leave it for a week; then filter the liquid and dilute with more vodka until the right taste balance has been reached. Serve very cold with Swedish crayfish.

DILL SNAPS

Place a stem of dill into a bottle of vodka or similar spirit. Do not leave the dill in the bottle for more than two days, however, and do not save this snaps for more than a week, as it lose its freshness quickly.

CHIVE AND PEPPER SCHNAPPS

Place three or four chive straws and four whole black peppercorns in half a bottle of vodka and let it rest for one day.

CHRISTMAS SNAPS

Place into a glass bottle:

1 tbs. sugar

1 cinnamon stick

8 whole cloves

8 cardamom pods

Add half a bottle of vodka and shake until the sugar is dissolved. Let it rest for 24 hours. Wash an orange and peel off three inches of the rind; add this to the bottle. Let it rest for another 24 hours, filter and chill.

GINGERBREAD COOKIE SNAPS

1 1/4 tbsp. sugar

A piece of bitter orange peel

8 cardamom seeds

1 cinnamon stick

1/4 tsp. ginger

Pour ingredients into a glass bottle with half a bottle of vodka. Shake the jar until the sugar is dissolved. Let it rest for two days; remove the ginger, cinnamon stick and cardamom.

SAGE AND LIME SNAPS

Wash the lime, peel off the rind in a spiral and place it with four sage leaves into half a bottle of vodka; let is rest until the next day.

LEMON SNAPS

Wash the lemon and peel off the outer layer of rind with a potato peeler. Squeeze the lemon rind into one bottle of vodka, and let it rest for a few hours or overnight. Remove the lemon rind when the snaps has reached the desired taste.

To make your lemon snaps smoother and reduce its bite, add a vanilla pod and 1 tbsp. of sugar with the lemon; let it rest for two days and then taste it. If it needs more time with the vanilla pod, leave it for another day or two.

If you liked this book you may want to stay informed of other things going on in the Swedish and Swedish American community in America – the easiest way is a subscription to Nordstjernan – America's oldest, yet contemporary, periodical, a tradition since 1872. A subscription will pay for itself through the special offers you are eligible for. See sample of contents and continuously updated news from Swedish America at **www.nordstjernan.com**.

You will find all of the books we publish or print at **www.nordstjernan.com**, a website we share with our sister publication Nordic Reach (**www.nordicreach.com**).